Estrellas

Shelly C. Buchanan, M.S.

Asesor

Sean Goebel, M.S.
University of Hawaii
Institute for Astronomy

Créditos de publicación

Rachelle Cracchiolo, M.S.Ed., *Editora comercial*
Conni Medina, M.A.Ed., *Gerente editorial*
Diana Kenney, M.A.Ed., NBCT, *Editora principal*
Dona Herweck Rice, *Realizadora de la serie*
Robin Erickson, *Diseñadora de multimedia*
Timothy Bradley, *Ilustrador*

Créditos de las imágenes: Portada, págs.1, 7, 9, 11, 18, 19, 25, 27 (fondo), Contraportada NASA; págs.5, 7, 19 (fondo), 23-24 iStock; pág.6 (ilustración) Stephanie McGinley; pág.7 ESA/Hubble and NASA; pág.9 (fondo) NASA, ESA, and A. Feild (STSci); pág.11 (superior) Science Source; pág.13 (fondo) U.S. Civilian/NASA, (inferior) NASA/JPL-Caltech/T. Megeath (University of Toledo); pág.16 Hubble/NASA; pág.17 NASA/JPL-Caltech/R. Hurt [SSC]; pág.19 NASA, ESO, NAOJ, Giovanni Paglioli; pág.20 Hubble/NASA; pág.27 Newscom; págs.28-29 (ilustración) Timothy Bradley; las demás imágenes cortesía de Shutterstock.

Teacher Created Materials

5301 Oceanus Drive
Huntington Beach, CA 92649-1030
http://www.tcmpub.com

ISBN 978-1-4258-4722-7

© 2018 Teacher Created Materials, Inc.
Printed in China
51497

Contenido

Deslumbrado

   ¿Alguna vez has observado el cielo nocturno y te has sorprendido con las dispersas luces centelleantes? ¡No eres el único! Las estrellas han cautivado a las personas durante miles de años. Algunas han quedado tan deslumbradas que estudiaron todos sus movimientos.

   Los primeros observadores descubrieron que las estrellas podían darnos información útil. Los antiguos egipcios planificaban la vida alrededor de Sirio, la Estrella del Perro. Los granjeros egipcios sabían que podían plantar los cultivos en el suelo húmedo después de que Sirio aparecía en el cielo. Los antiguos fenicios navegaban los mares usando el cielo nocturno. Descubrieron los patrones anuales de las estrellas. En determinados momentos del año, el Sol y las estrellas están a distancias fijas del horizonte. Usaban los dedos para medir la posición de las estrellas. Los griegos nombraban las estrellas en honor a dioses, héroes y animales de sus historias. Los chinos de la dinastía Han agruparon las **constelaciones** de acuerdo con las cuatro direcciones: Este (Dragón), Oeste (Tigre), Norte (Tortuga) y Sur (Pájaro Escarlata). La tribu Tewa de América del Norte llamaba a la Vía Láctea el "Camino Sin Fin". Vieron la constelación de Orión como Faja Larga, un héroe que lideró a su gente y los alejó de sus problemas en el Camino Sin Fin.

La astronomía es el estudio de los cuerpos en el espacio. Muchos confunden la astronomía con la astrología. La astronomía se basa en la ciencia y la astrología no.

Navegación

Los navegantes antiguos y modernos han usado
las estrellas y herramientas fascinantes para guiar
sus viajes por la noche. El kamal es un antiguo
dispositivo que mide la **latitud**. El astrolabio se
usa para ubicar y predecir las posiciones del Sol,
la Luna, los planetas y las estrellas. El sextante
es una sexta parte de un círculo y mide el ángulo
entre un objeto en el cielo y el horizonte.

kamal

astrolabio

sextante

Los **astrónomos** de la actualidad usan potentes telescopios para ver las estrellas. También usan **satélites**. Las computadoras y otros instrumentos ayudan a los científicos a aprender de qué están hechas las estrellas, a qué distancia están y mucho más.

Los astrónomos han descubierto que existen diferentes tipos de estrellas. Algunas son cientos de veces más grandes que el Sol, mientras que otras son mucho más pequeñas. Hay estrellas de una variedad de colores: azules, rojas, anaranjadas, amarillas y blancas. La temperatura y la distancia de la Tierra también varían mucho. Algunas estrellas están más cerca de la Tierra que otras. El Sol es la estrella más cercana.

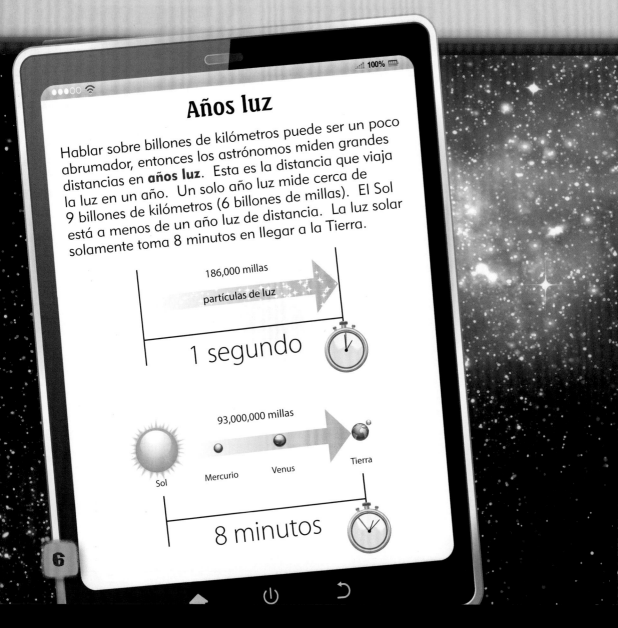

Años luz

Hablar sobre billones de kilómetros puede ser un poco abrumador, entonces los astrónomos miden grandes distancias en **años luz**. Esta es la distancia que viaja la luz en un año. Un solo año luz mide cerca de 9 billones de kilómetros (6 billones de millas). El Sol está a menos de un año luz de distancia. La luz solar solamente toma 8 minutos en llegar a la Tierra.

186,000 millas

partículas de luz

1 segundo

93,000,000 millas

Sol

Mercurio

Venus

Tierra

8 minutos

Debido al estudio del Sol, los astrónomos han descubierto muchas cosas sobre las estrellas. El Sol está a 150 millones de kilómetros (93 millones de millas) de distancia. ¡Si voláramos en un avión, duraríamos 17 años en llegar al Sol! La siguiente estrella más cercana es Próxima Centauri, que se encuentra a 40 billones de kilómetros (25 billones de millas) de distancia. Muchas otras estrellas están incluso más lejos que Próxima Centauri. A pesar de su gran distancia de nosotros, estas titilantes estrellas continúan fascinándonos.

¡Las estrellas son antiguas! La mayoría de las estrellas tienen entre mil y diez mil millones de años.

Viajar al pasado

Próxima Centauri está a cuatro años luz de la Tierra. Esto significa que la luz que vemos es de hace cuatro años. Otras estrellas están a miles de millones de años luz de distancia. Esa luz salió de esas estrellas hace miles de millones de años, y hasta ahora llega. Algunas de estas estrellas podrían ya haberse extinguido. Observar las estrellas es como viajar al pasado.

La ciencia de las estrellas

A lo largo de los años, los astrónomos se han enfrentado al desafío de descubrir más sobre las estrellas. Como las estrellas están a años luz de distancia, es una tarea difícil. Las investigaciones muestran que las estrellas son inmensas bolas de gas ardiente. Los principales elementos químicos que componen las estrellas son el hidrógeno y el helio. Estos elementos forman nubes y colapsan para formar estrellas debido a la **gravedad**. Los astrónomos siguen aprendiendo sobre las estrellas e intentan descubrir formas de organizar la información.

Clasificar estrellas

Para que las personas comprendan y aprendan más sobre las estrellas, los astrónomos las definen y las clasifican. Agrupan las estrellas por tamaño y temperatura. Las del tamaño del Sol o que son más pequeñas se llaman **enanas**. Las que tienen diez veces el tamaño del Sol se llaman *gigantes*. Las **supergigantes** son cientos de veces más grandes que el Sol.

Si las ves solamente con los ojos, las estrellas parecen completamente blancas. Pero por medio de un telescopio, podemos ver que existen estrellas de muchos colores. El color está relacionado con la temperatura de la estrella. Las estrellas más calientes se ven de color azul y las más frías de color rojo. También hay blancas, amarillas y anaranjadas.

Siempre brillante

Las estrellas siempre brillan. No podemos verlas durante el día porque la luz solar lo impide. Busca en un mapa celeste, en una aplicación de celular o en Internet qué estrellas podríamos ver si pudiéramos apagar la luz del Sol.

¡Gemelas!

En ocasiones, una estrella resulta ser dos estrellas. Las estrellas orbitan una alrededor de la otra y se llaman *estrellas binarias*. Con frecuencia, una estrella es mucho más grande o brillante que la otra. Los astrónomos pueden descubrir la segunda estrella al observar su "bamboleo". Cuando las estrellas orbitan una alrededor de la otra, la gravedad de cada una ejerce fuerza sobre la otra, haciendo que se bambolee hacia atrás y hacia delante. Los astrónomos también buscan saber si una estrella se mueve de vez en cuando mientras que otra pasa por delante.

supergigante azul-blanca

Sol

enana roja

Las estrellas supergigantes tienen una vida más corta que otras estrellas, de diez a cincuenta millones de años. Cuanto más grande es una estrella, más corta es su vida.

gigante roja

Los astrónomos han descubierto una estrella muerta a 12 millones de años luz y que arde 10 millones de veces más que el Sol.

Analizar las estrellas

Los astrónomos también clasifican la luminosidad de una estrella. La luminosidad mide la cantidad de luz que emite una estrella. Esto depende del tamaño y de la temperatura de la estrella. Depende también de la distancia a la que está de la Tierra. También clasifican el brillo aparente de una estrella. Es decir, qué tan brillante se ve una estrella desde la Tierra. Un antiguo astrónomo griego llamado Hiparco desarrolló este sistema. Clasificó las estrellas menos brillantes como magnitud 1. Las estrellas más brillantes que se pueden ver a través de un telescopio van de la magnitud 2 a la 6.

Son varios los factores que influyen en el brillo de una estrella: el tamaño, la temperatura y la distancia desde la Tierra. Por ejemplo, el Sol es mucho más pequeño que muchas otras estrellas. Pero es la estrella más brillante cuando se ve desde la Tierra porque es la que más cerca está.

Los astrónomos también usan mediciones para determinar la composición química de las estrellas. A pesar de que una estrella se puede clasificar por tener un determinado color, cuando se observa su luz mediante un espectrógrafo, esta se divide en un espectro de colores. Cada estrella tiene un espectro diferente. Los astrónomos pueden leer el espectro para determinar la composición de cada estrella.

La asombrosa astrónoma Annie

Annie Cannon fue una astrónoma que descubrió el espectro de color para aproximadamente 350,000 estrellas. Es más de lo que cualquier otra persona descubrió en esa época. Podía clasificar tres estrellas en un minuto sin usar instrumentos. Cannon creó un catálogo de 300 estrellas para documentar sus hallazgos.

Herramientas técnicas

Los científicos no solo observan la luz visible que emiten las estrellas. También usan rayos X, rayos gamma, ondas de radio y radiación infrarroja. Cada tipo de radiación les da más información sobre una estrella.

Saga estelar

Las estrellas no son seres vivos, pero con frecuencia los astrónomos hablan de ellas como si lo fueran. La historia de una estrella es una historia de equilibrio. La gravedad y la energía que genera una estrella entran en un tira y afloja con esta. Finalmente, una de estas fuerzas debe ganar.

Nace una estrella

Las estrellas comienzan siendo nubes gigantes de polvo y gas llamadas **nebulosas**. Están compuestas principalmente de hidrógeno gaseoso. Estas inmensas nubes son como guarderías de estrellas. Una nebulosa puede producir cientos y, a veces, hasta miles de estrellas.

Lentamente, la gravedad une el gas y el polvo de la nebulosa en grumos. Cuando se forma el grumo, su gravedad se vuelve más fuerte. Atrae más gas y polvo, y el grumo comienza a girar. En el transcurso de alrededor de cien mil años, la nube giratoria se vuelve más caliente y densa. Finalmente, se vuelve tan densa que colapsa para formar una bola, llamada **protoestrella**. El polvo y el gas se unen y el centro se calienta. Cuando el centro llega a 15 millones de grados Celsius (27 millones de grados Fahrenheit), comienza la **fusión nuclear**. Cuando el núcleo de la protoestrella comienza a arder, ¡nace una estrella!

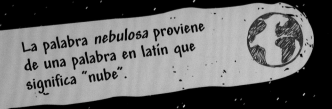

La palabra *nebulosa* proviene de una palabra en latín que significa "nube".

Los planetas, cometas y asteroides también se forman a partir de nubes giratorias de gas y polvo.

nebulosa
de la
Tarántula

protoestrellas

nebulosa
de Orión

Cuestión de equilibrio

Una vez que comienza la fusión nuclear en el núcleo de una estrella, se considera una *estrella de secuencia principal*. Esta es la etapa en la que una estrella pasa del 80 al 90 por ciento de su vida. La fusión en el núcleo de una estrella genera una cantidad inmensa de calor y energía. Esto empuja a la estrella hacia afuera e impide que la gravedad continúe haciéndola colapsar. La estrella está ahora equilibrada entre la presión exterior liberada por la fusión nuclear y la atracción hacia dentro de su propia gravedad. Estas fuerzas equilibradas conservan el tamaño de la estrella por la totalidad de la etapa de secuencia principal, haciendo que esta etapa de la vida de la estrella sea la más estable.

La presión del gas de las reacciones de fusión empuja hacia afuera.

La fuerza gravitacional empuja hacia adentro.

Las estrellas de secuencia principal están en un estado de equilibrio siempre que las fuerzas estén equilibradas.

Una estrella permanecerá en su etapa de secuencia principal mientras tenga hidrógeno para fusionar. Y es diferente en el caso de estrellas de otros tamaños. Las estrellas grandes tienen más hidrógeno, pero se agotan mucho más rápido que las estrellas más pequeñas y eficientes. Las estrellas más grandes tienen, de hecho, vidas más cortas.

Finalmente, su suministro de hidrógeno se extingue. Todas las estrellas se quedarán sin combustible. Pero sus muertes pueden ser incluso más espectaculares que sus vidas.

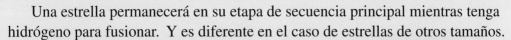

átomos de hidrógeno

átomo de helio

Fusión nuclear

La fusión nuclear alimenta a las estrellas. Muy dentro del núcleo de una estrella, los átomos de hidrógeno chocan con enorme fuerza. Se fusionan para hacer átomos de helio. Esto libera una gran cantidad de energía y luz. Por eso, podemos ver estrellas que están tan lejos.

estrella
similar al Sol

gigante
roja

nebulosa
planetaria

enana
blanca

Muertes violentas

Sin más combustible para arder, la fusión en el núcleo de una estrella se detiene y la gravedad comienza a ganar este tira y afloja estelar. Pero la muerte de una estrella depende de su tamaño. Las estrellas más pequeñas colapsan en sí mismas y se vuelven enanas blancas sumamente densas. Las estrellas medianas, como el Sol, se expanden hasta convertirse en gigantes rojas. Después de unos cientos de miles de años, sus capas exteriores se expanden hacia afuera y dejan atrás sus núcleos como enanas blancas.

La muerte de una estrella grande se da con increíble fuerza y ofrece un gran espectáculo. Cuando una estrella que tiene 30 veces la masa del Sol muere, explota en una inmensa supernova. Hace volar polvo y partículas de las capas externas de la estrella hacia lo más remoto del espacio. Finalmente, estos fragmentos de estrella se reciclan. Se convierten en elementos bases en las nebulosas y renacen como estrellas y planetas.

Después de la explosión de una supernova, una estrella puede colapsar en una estrella de neutrones. Una estrella de neutrones tiene apenas unos kilómetros de ancho. ¡Es tan densa que una cucharada de esta estrella pesaría tanto como una montaña! Si la estrella tiene 30 veces más la masa del Sol, la supernova se convierte en un agujero negro. Este objeto sumamente denso tiene tanta gravedad que ni siquiera la luz puede escapar de allí.

Muerte por el Sol

El Sol ya va por cerca de la mitad de su etapa de secuencia principal. Le quedan otros cinco mil millones de años antes de quedarse sin combustible. Pero cuando se quede sin hidrógeno, los científicos predicen que crecerá hasta llegar a ser 30 veces más grande y emitirá 10 veces más energía de lo que emite actualmente. Como consecuencia, el calor y la energía solar engullirán la Tierra.

protoestrella

supergigante azul

supernova

agujero negro

Galaxias

Las estrellas se unen a otros desechos, gases y polvo para formar las **galaxias**. La gravedad mantiene a estos objetos unidos. Los científicos pueden ver galaxias lejanas debido a la luz que emiten las miles de estrellas. El famoso astrónomo Edwin Hubble clasificó a las galaxias en tres tipos: elípticas, irregulares y espirales.

elíptica

Galaxias elípticas

Las galaxias elípticas generalmente son redondas. Están hechas solamente de estrellas viejas. Las galaxias elípticas no son tan brillantes como las espirales, y la mayoría son más pequeñas. Pueden contener apenas unos pocos miles de estrellas, y es frecuente que estas se encuentren juntas. A veces hace que la galaxia se vea como una estrella gigante.

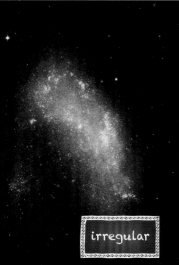

irregular

Galaxias irregulares

Las galaxias irregulares no tienen forma redonda ni en espiral. Estas galaxias generalmente no tienen forma definida. Los científicos creen que estas galaxias pueden haber sido elípticas o espirales en algún momento, pero perdieron la forma con el tiempo. Pueden haber chocado contra otras galaxias, o quizás la gravedad de galaxias cercanas les cambió la forma.

espiral

¡Extra, extra!

Los científicos estiman que el 80 por ciento de la masa en el espacio no puede verse. Los astrónomos la llaman *materia oscura* y creen que existe en grandes espacios entre las estrellas. Creen que es esta materia la que sostiene a las estrellas y a los planetas en sus galaxias.

Edwin Hubble quería darles a los astrónomos "esperanza para encontrar algo que no habíamos esperado".

galaxia Sombrero

¿Mil millones, billones, trillones?

Las galaxias tienen cientos de miles de millones de estrellas. Los científicos estiman que hay más de 100 mil millones de galaxias en el universo. En la actualidad, la NASA estima que existen alrededor de 1,000,000,000,000,000,000,000; es decir 1,000 trillones de estrellas en el universo.

Galaxias espirales

Las galaxias espirales tienen la forma de un molinete. En el centro hay un disco plano hecho de estrellas muy antiguas. Desde este centro se extienden brazos giratorios. El movimiento giratorio de los brazos le da a la galaxia esta forma de espiral. Las ondas de los brazos crean estrellas nuevas muy grandes. Su inmensa luz hace que las nubes de polvo cercanas brillen.

Nuestra galaxia, la Vía Láctea, es una galaxia espiral. Aquí vivimos nosotros, el Sol y otros cientos de miles de millones de estrellas. Mide cien mil años luz de un lado al otro y rota una vez cada doscientos millones de años. El centro está lleno de estrellas que rodean un agujero negro inmenso. Estas estrellas están esparcidas por una distancia de quince mil años luz. La Vía Láctea es tan enorme que varias galaxias más pequeñas la orbitan. ¡Es realmente inmensa!

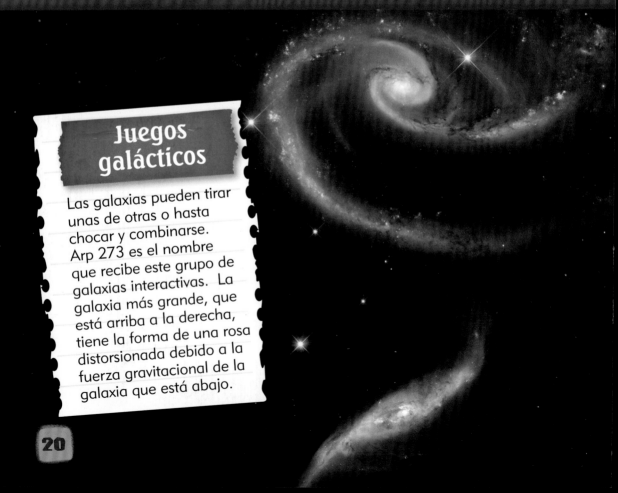

Juegos galácticos

Las galaxias pueden tirar unas de otras o hasta chocar y combinarse. Arp 273 es el nombre que recibe este grupo de galaxias interactivas. La galaxia más grande, que está arriba a la derecha, tiene la forma de una rosa distorsionada debido a la fuerza gravitacional de la galaxia que está abajo.

Para los astrónomos no es sencillo ver el centro de la Vía Láctea. Se debe a que las nubes de polvo y los gases obstruyen la vista. Los científicos creen que es posible que haya un gran agujero negro en el centro de la Vía Láctea. Este inmenso agujero negro tiene una gravedad superpotente. Se traga cualquier cosa que deambule por su territorio. ¡Qué bueno que estamos a miles de años luz de distancia!

Comparación de las galaxias

Usa el siguiente diagrama para comparar y contrastar los tres diferentes tipos de galaxias.

Elíptica

- redonda
- forma de óvalo
- sin disco
- con una pequeña cantidad de gas y polvo
- mayormente estrellas antiguas
- color rojizo

Irregular

- no tiene forma definida
- puede tener protuberancia
- puede tener disco
- con poco o casi sin núcleo
- color azulado

- grande
- contiene estrellas, gas y polvo

- protuberancia
- color rojizo
- núcleo

- mucho gas y polvo
- estrellas jóvenes y antiguas

Espiral

- forma de molinete
- disco delgado
- brazos espirales

- puede tener una barra
- color blanco azulado

21

Nuestro sistema solar

Nuestro sistema solar es una pequeña parte de la Vía Láctea. Nuestra estrella, el Sol, está en el centro del sistema solar. Todos los demás componentes giran alrededor del Sol. Cuando el Sol nació, gases, polvo y rocas daban vuelta a su alrededor. Se unieron para crear planetas, lunas, asteroides, cometas y meteoritos.

El Sol es, por mucho, el objeto más grande del sistema solar. Contiene un 99 por ciento de todo el material del sistema solar. La gravedad del Sol mantiene a los planetas, las lunas y otros objetos en órbita.

Cada uno de los ocho planetas del sistema solar es único. Tienen diferentes propiedades, colores y tamaños. Los planetas más cercanos son mucho más pequeños que los más alejados. Se debe a la ubicación del planeta cuando se formó y su proximidad o distancia del Sol. El calor solar quemó los gases de los planetas más cercanos. Los planetas más alejados del Sol no perdieron los gases, por lo que pudieron llegar a ser más grandes.

El Sol canta una canción larga y lenta que no podemos oír a menos que usemos instrumentos especiales. Se oye como un tarareo grave.

Afortunadamente para nosotros, el Sol tiene el tamaño y la distancia a la Tierra precisos para permitir que el planeta tuviera agua líquida. Los científicos creen que este es uno de los principales motivos por los que se pudo desarrollar la vida en la Tierra. Aún dependemos de la energía solar para sustentar la vida. ¡Nuestro vecino solar en el espacio hace que la vida sea posible!

Nuestros planetas

El cuadro que está a la derecha muestra información sobre cada planeta del sistema solar. Incluye la duración de un día, de un año, y la cantidad de lunas que cada planeta tiene. Recuerda que estas mediciones se hicieron de acuerdo al tiempo de la Tierra.

Planeta	Día	Año	Lunas
Mercurio	59 días	88 días	0
Venus	243 días	225 días	0
Tierra	1 día	365 días	1
Marte	25 horas	687 días	2
Júpiter	10 horas	12 años	66
Saturno	11 horas	29.5 años	53
Urano	17 horas	84 años	27
Neptuno	16 horas	165 años	13

Estudios sobre las estrellas

Hace muchos años, el cielo estaba despejado. Era fácil ver las estrellas porque no había grandes luces en las ciudades. Miles de estrellas brillaban en la negrura aterciopelada de la noche. Admirar las estrellas era un entretenimiento popular. Hoy en día, es mucho más difícil ver las estrellas. La contaminación y la iluminación eléctrica atenúan la titilante luz de las estrellas. Para ver muchas estrellas, debemos salir de las ciudades donde muchos de nosotros vivimos.

Los astrónomos han desarrollado poderosos telescopios y dispositivos especiales para ver estrellas. Estos instrumentos permiten que las personas observen estrellas que a simple vista no son visibles. Algunos de estos inmensos telescopios son más grandes que el gimnasio de una escuela. Muchos fueron construídos en remotas zonas montañosas, lejos de las brillantes luces de la ciudad, donde el aire está limpio y la noche es oscura. Estos puestos de observación son los mejores lugares para estudiar las estrellas.

Otros potentes telescopios flotan en el espacio. Sin la atmósfera terrestre, estas máquinas pueden espiar mucho más en el espacio que los telescopios que están en la Tierra. Estos telescopios toman fotografías y otro tipo de datos. Ayudan a que los astrónomos puedan aprender sobre estrellas y galaxias distantes.

El práctico Hubble

Una herramienta conocida y emocionante para estudiar las estrellas es el telescopio espacial Hubble. Quizás se parezca un poco a una lata, pero ha tomado algunas de las fotografías más asombrosas del espacio sideral. Con este telescopio, los astrónomos han estudiado el nacimiento y la muerte de las estrellas. Han mirado miles de millones de años luz en el espacio.

Si miras de cerca, observarás que las estrellas no son todas del mismo color. Pueden ser blancas, azules, amarillas, anaranjadas o rojas.

Espectáculos solares

Con la ayuda de equipos de alta tecnología, hemos aprendido mucho sobre la superficie del Sol. Esta es una masa abrasadora de gases calientes que hierven y salpican. Chorros de gases supercalientes salen disparados, ¡y ofrecen un gran espectáculo! Aparecen y desaparecen manchas oscuras. El Sol, que parece tan estable, está en constante cambio.

Los científicos siempre buscan nuevas formas de estudiar y explorar el espacio. Esperan poder aprender más sobre cómo comenzó el universo y cómo ha cambiado desde entonces. Buscan reconstruir la historia del universo. Parte de su búsqueda es también comprobar si hay otras formas de vida en otros planetas o si estamos solos en el universo. Han identificado varios planetas similares a la Tierra, pero están demasiado lejos para llegar allí.

Astrónomos e ingenieros buscan nuevas formas de hacer funcionar las naves espaciales. Una idea es usar energía solar. Con un suministro ilimitado de energía solar, las naves espaciales podrían viajar mucho más lejos en el espacio.

Mientras tanto, puedes aprender sobre las estrellas tú mismo. Todo lo que necesitas es una noche despejada y oscura en un lugar alejado de las luces de la ciudad. Lleva un mapa celeste o usa una aplicación como ayuda para localizar estrellas, constelaciones, planetas y hasta galaxias. Continúa estudiando el cielo nocturno y quizás algún día seas *tú* quien haga el siguiente gran descubrimiento.

La búsqueda de vida extraterrestre inteligente usa la sigla del inglés SETI (Search for Extraterrestrial Intelligence).

¿Hay vida además de la nuestra?

Frank Drake creó una ecuación para calcular la cantidad de vida en nuestra galaxia. Con esta ecuación, los científicos calcularon que podrían existir 12,000 civilizaciones en nuestra galaxia. Otros científicos cuestionan que, con números diferentes en la ecuación, podría haber solamente dos o tres civilizaciones en cada galaxia. De cualquier forma, la posibilidad existe.

Frank Drake

Piensa como un científico

¿Cómo comparan los científicos la luz de diferentes estrellas? ¡Experimenta y averígualo!

Qué conseguir

- caja (con forma de cubo es mejor)
- cartón fino
- CD
- cinta adhesiva
- papel

- película de plástico transparente y blanquecino, como cinta adhesiva o bolsa blanca de las compras
- tubo de cartón

Qué hacer

1. Pega papel sobre gran parte del CD, dejando una pequeña sección sin tapar.

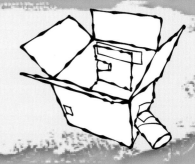

2. Pega el CD cubierto al interior de la caja. La sección sin tapar debería estar alineada con una esquina de la caja. Después, recorta un pequeño orificio de 5 centímetros (2 pulgadas) directamente al frente de la sección descubierta del CD.

3. Pega dos trozos pequeños de cartón encima del orificio para crear una pequeña ranura vertical de 1 mm (0.04 in) de ancho. Pega el plástico transparente y blanquecino sobre la ranura.

4. En un lado de la caja, adyacente a donde el CD está expuesto, recorta otro pequeño orificio. Pega un tubo de cartón a este orificio. Este será el ocular.

5. Cierra la caja con cinta adhesiva. Haz brillar diferentes tipos de luces por la ranura y míralas por el ocular. ¿Qué puedes observar? ¿Cómo se comparan las fuentes de luz? ¿Qué crees que las hace parecer diferentes?

Glosario

agujero negro: un área en el espacio con una gravedad tan intensa que la luz no puede escapar

años luz: la distancia que puede viajar la luz en un año

astrónomos: personas que observan los fenómenos celestes

constelaciones: grupos de estrellas que forman figuras determinadas en el cielo y recibieron un nombre

enanas: estrellas de luminosidad normal o baja, y de masa y tamaño relativos

espectrógrafo: un instrumento que divide la luz en diferentes espectros

estrella de neutrones: una estrella muy pequeña y densa compuesta principalmente de neutrones pegados, muy juntos

fusión nuclear: una reacción atómica en la que dos núcleos se combinan para crear uno más grande, liberando una gran cantidad de energía

galaxias: sistemas de estrellas, gas y polvo que la gravedad mantiene unidos

gravedad: una fuerza que actúa entre los objetos, atrayéndolos entre sí

latitud: la posición de un lugar medido en grados al norte o al sur del ecuador

luminosidad: la calidad o el estado de algo que produce luz

magnitud: el tamaño o la potencia de algo

masa: la cantidad de materia que contiene un objeto

nebulosas: nubes de gas y polvo en el espacio

protoestrella: una nube de gas y polvo en el espacio que, se cree, se desarrolla para convertirse en estrella

satélites: objetos en el espacio que orbitan alrededor de objetos más grandes

supergigantes: estrellas sumamente grandes y luminosas

supernova: la explosión de una estrella que hace que sea extremadamente brillante

Índice

¡Tu Turno!

Una salida nocturna

Sal en una noche despejada. Observa el cielo a través de un tubo de cartón de papel higiénico o de toallas de papel vacío. Cuenta la cantidad de estrellas que ves. Registra el número. Hazlo varias veces con diferentes partes del cielo. ¿Desde qué ubicación ves la mayor cantidad de estrellas? ¿Desde qué ubicación ves la menor cantidad de estrellas? ¿Por qué crees que es diferente? Comparte tus hallazgos con amigos y familiares.